3e scène

OPÉRA NATIONAL DE PARIS

3e scène
OPÉRA
NATIONAL
DE PARIS

Au printemps 2016, le Fonds Hélène & Édouard Leclerc invite la 3e scène de l'Opéra national de Paris à Landerneau avec la complicité du Quartz - Scène nationale de Brest. Pour la première fois, une sélection de 12 œuvres de la 3e scène est présentée dans un espace physique, que les commissaire et commissaire associée Dimitri Chamblas et Amélie Couillaud ont pensé à la fois comme un lieu de spectacle, un lieu d'exposition, un studio de travail et un cinéma. Dans une scénographie qui invite au mouvement, les visiteurs font leur chemin pour découvrir les films selon leurs envies : confortablement installés devant un grand écran, cachés derrière l'angle d'une paroi, allongés sous un plafond vidéo. Les visiteurs, adultes et enfants, peuvent arpenter l'espace, s'asseoir, s'allonger, s'étirer, et découvrir, au gré des films et de leurs déambulations, l'Opéra national de Paris sous des angles inédits. Ils peuvent aussi croiser, au détour d'un vallon ou au pied d'une pente, un danseur au travail : chaque jour, deux danseurs du champ contemporain se relaient, spécialement invités dans cet espace pour donner à voir leur danse et leur pratique, en *live*, et éprouver avec le public un rapport distinct de l'habituel rapport scène-salle. Libre alors aux visiteurs de s'arrêter pour observer.

Entretien
Michel-Édouard Leclerc
Dimitri Chamblas
Amélie Couillaud

Le Fonds Hélène & Édouard Leclerc inaugure sa première exposition de printemps en 2016 avec un projet inédit, né de l'envie d'accompagner la venue du Ballet de l'Opéra national de Paris au Quartz. Des premières discussions avec Matthieu Banvillet est venue l'idée de se retrouver autour de l'événement. L'occasion était belle d'amener le FHEL sur un nouveau terrain, autour d'un projet incroyable et fédérateur ! Très vite, Dimitri Chamblas, directeur artistique de la 3e scène de l'Opéra national de Paris, et Amélie Couillaud, les commissaires de l'exposition se sont emparés de l'idée et avec le Fonds Hélène & Édouard Leclerc, ont imaginé la première mise en exposition du projet digital de la 3e scène. Un cadeau pour le FHEL et ses publics auxquels nous proposons de partir à la découverte du monde et des arts de la scène.

MEL : Aux côtés de Garnier et Bastille, en quoi consiste ce projet d'une « 3e scène » pour l'Opéra de Paris ? Pourquoi cette appellation ?

DC : L'idée s'est développée avec Stéphane Lissner (directeur de l'Opéra national de Paris), au moment de l'arrivée de Benjamin Millepied. Tous deux ont voulu s'inscrire dans cette nouvelle grande place publique qu'est Internet. Ils voyaient le web comme un outil idéal pour aller à la rencontre de nouveaux publics.

Pourquoi ce nom de 3e scène ? Parce qu'aux côtés de Garnier et de Bastille, cette scène digitale a vraiment pour ambition de devenir une scène de création à part entière. Elle n'est pas conçue comme un outil de promotion pour l'Opéra national de Paris, ni comme un relais de ce qui se passe à l'Opéra. Pour cela, nous avons un magazine en ligne, qui comporte de nombreux articles et vidéos... Non, la 3e scène a été d'emblée conçue comme un espace indépendant, qui doit permettre deux choses : inviter des artistes – je dirais même des champs artistiques – dont certains jusqu'à présent n'avaient rien à faire à l'Opéra de Paris, et par là-même, ouvrir cette maison à un très large public. C'est – je crois – un point commun partagé avec le FHEL : d'une part porter une attention particulière à son public « fidèle » tout en cherchant à le surprendre, et d'autre part savoir aller chercher un autre public.

MEL : Comment ce projet a-t-il été construit au début ?

DC : Nous avons initié le projet avec Benjamin Millepied, directeur du Ballet de l'Opéra de Paris, et Christian Longchamp, directeur de la dramaturgie, auquel a ensuite succédé Sarah Barbedette. Avec Stéphane Lissner, nous avons tenu un dialogue régulier, pour échanger sur certains choix ou sur les grandes orientations. C'était excitant car nous partions d'une page totalement blanche. Nous n'avions ni modèle ni exemple. Nous avions une grande liberté et aucune inhibition.

MEL : Quand le 15 septembre vous lancez la 3e scène, est-ce d'abord un appel à création à des artistes, ou déjà une sélection d'œuvres ?

DC : J'ai pris mes fonctions en mars 2015 et nous avons eu six mois pour fabriquer des objets qui ont été mis en ligne le 15 septembre sur notre plate-forme. Au départ, personne ne connaissait le projet parce qu'il n'existait pas, et nous tenions à ce qu'il s'affirme comme une plate-forme de création, d'œuvres inédites. Je suis donc allé solliciter des artistes, leur passer commande, leur proposer une collaboration, voir comment ils réagissaient. Dans certains cas, comme pour le film de Julien Prévieux, la 3e scène s'est associée à un projet pré-existant. Nous avons ainsi créé dix-huit objets différents dans un temps très limité. Nous voulions couvrir de nombreux champs : l'art contemporain, la photographie, le dessin, la fiction, l'archive, etc. Début septembre nous nous sommes demandés si nous avions intérêt à tout dévoiler au même moment ou s'il fallait opter pour une publication au fil de l'eau, afin de donner un rythme à cette scène digitale. Finalement, nous avons opté pour tout révéler immédiatement. Il fallait une arrivée forte, nous voulions montrer la diversité artistique que nous souhaitions défendre.

Depuis ce point de départ, nous constatons que cela fonctionne, que le public comprend qu'il peut trouver sur la 3e scène aussi bien un mini dessin-animé de l'un des animateurs de Disney les plus connus (Glen Keane) qu'un film très pointu de Julien Prévieux, la fiction inquiétante d'Alex Prager, un film d'auteur de Mathieu Amalric sur la voix. Les gens peuvent arriver sur cette plate-forme pour voir danser l'extraordinaire hip-hoper Lil Buck et, de fil en aiguille, découvrir le film de Xavier Veilhan ou les témoignages à la Perec de *Je me souviens*. Il y a énormément d'entrées différentes et cela correspond à ce que nous souhaitions parce que la 3e scène n'a pas vocation à être le prochain centre d'art contemporain digital, la nouvelle plate-forme de fiction ou le grand site de courts-métrages, mais tout cela en même temps. Il y a des rythmes et des environnements très variés, on s'attarde sur la grande fresque dessinée par Carine Brancowitz ou on visite l'Opéra en temps record avec l'abécédaire de Loren Denis, on écoute les mots d'Éric Reinhardt en traversant tout le plateau de l'Opéra Bastille avec Marie-Agnès Gillot, ou les notes de Rob sur les innombrables pianos qui peuplent les deux opéras. On traverse même la moitié de Paris avec les régisseurs qui convoient à épaule d'homme la gigantesque toile du décor de *Giselle: The Walking Landscape*, de David Luraschi !

MEL : Très rapidement, plusieurs lieux et de grandes institutions ont fait appel à vous afin de puiser dans ce catalogue d'œuvres...

DC : En effet. Nous avons travaillé avec des institutions, des galeries ou de grandes foires : le film de Xavier Veilhan a été présenté au Louvre, et à Art Basel Hong Kong. Celui de Mathieu Amalric a été montré à la Cinémathèque française, et celui d'Alex Prager à la Galerie des Galeries. Le film de Julien Prévieux faisait partie de son exposition au Centre Pompidou (mais dans ce cas la collaboration était prévue dès le départ puisque c'est nous, Opéra, qui nous sommes greffés à son projet, qui faisait suite à son prix Marcel Duchamp). Nous avons créé un partenariat entre sa Galerie Jousse Entreprise, le Centre Pompidou et le Théâtre de Nanterre-Amandiers. Toutes ces circulations nous ont beaucoup plu, et ce que nous n'avions pas anticipé, c'est le fait que se constitue ainsi une collection à l'Opéra de Paris. Une collection d'art de l'Opéra de Paris. Qui dit collection dit aussi une manière de documenter ce qui est en train de se passer. C'est une question que se posent toutes les institutions : comment documente-t-on ce qui advient ? Comment le vit-on ? Que laisse-t-on ?

MEL : La trace…

DC : Oui, la trace. On peut penser, dans quarante ans, les gens vont ouvrir je ne sais quoi, et ils vont se dire qu'en 2016 à l'Opéra de Paris, il y avait Bonello, Amalric, Donzelli, Prévieux, Veilhan, Prager, etc. C'est très enthousiasmant. Si cela avait été fait au début du siècle dernier, ou durant entre-deux-guerres, on aurait aujourd'hui une trace de l'activité de l'institution et de sa perception à travers des œuvres artistiques folles !

MEL : Comment naissent les projets de la 3e scène ?

DC : Quand on invite un artiste, on l'invite à créer une œuvre, et on lui donne carte blanche. Le seul impératif à respecter, c'est que l'œuvre soit en lien avec l'Opéra de Paris. La question qui est alors généralement posée par l'artiste est : « *qu'est-ce que c'est qu'être en lien avec l'Opéra de Paris ?* ». C'est le début de l'histoire, car cela interroge ce qu'est l'Opéra de Paris, à savoir 1700 personnes, des corps, des souffles, des chanteurs, des musiciens, des danseurs, et des métiers d'une diversité phénoménale puisque tout est fabriqué sur place, des faux cheveux aux bijoux, en passant par les chaussures, les décors… Dans la dynamique de la 3e scène, une fois que l'on a choisi un artiste, on le laisse faire. On lui fournit toutefois une documentation sur ce qui s'est déjà fait. On lui donne l'historique, et pour le reste, c'est complètement ouvert !

Par exemple, avec Benjamin, nous avons connu Glen Keane à Los Angeles. Nous savions qu'il venait souvent à Paris, ville qu'il aime beaucoup. Alors nous l'avons invité à venir dessiner au Palais Garnier. Très vite, il s'est pris au jeu et nous nous sommes dit que cela pourrait devenir un petit film. Finalement, Glen Keane a passé toutes ses vacances dans les studios de danse du Palais Garnier à dessiner une ballerine, Marion Barbeau.

Quant à Lil Buck, nous savions qu'il passait à Versailles pour danser au sein d'une programmation de Benjamin Millepied. J'en ai parlé à Amélie et nous avons imaginé que ce danseur de hip hop (de jookin !) pourrait évoluer dans un studio emblématique du Palais Garnier. Nous avons très vite perçu la force de ce projet alors nous avons contacté Wendy Morgan, grande réalisatrice de clips. Et de manière très simple, grâce au talent et à l'enthousiasme de Lil Buck et de Wendy Morgan, le film a pu être tourné.

MEL : On imagine qu'il y a aussi des processus plus lents…

DC : Bien sûr. Bertrand Bonello a par exemple passé beaucoup de temps à réfléchir à son projet. Finalement, il a conçu une sorte de dramaturgie autour de la famille Winchester – les inventeurs des fusils –, qui inclut la danseuse Marie-Agnès Gillot, l'acteur Reda Kateb, les 80 choristes de l'Opéra, mais aussi du dessin et de l'écrit. C'est donc un tout autre rythme.

MEL : Certaines œuvres, si elles sont évidemment en lien avec l'Opéra, ne sont pourtant pas réalisées à l'Opéra de Paris…

DC : Absolument. Le lien avec l'Opéra existe évidemment, mais elles ne sont pour autant pas toutes tournées à l'Opéra de Paris. Pour son film, Mathieu Amalric a passé du temps au Palais Garnier et à l'Opéra Bastille à se demander ce qu'il allait bien pouvoir faire. Je me souviens de ses mots : « *la liberté m'angoisse, les cartes blanches c'est très dur à gérer pour moi* ». Finalement, il s'est dit que ce qui l'intéressait, c'était la voix. Alors, nous lui avons présenté cette immense chanteuse soprano qu'est Barbara Hannigan et ils sont partis en tournée ensemble à travers l'Europe. Rien n'a été tourné à Paris ! Ce film (qui sera présenté au FHEL) nous parle énormément. Amalric montre ce qu'est la voix. Cette chose tellement incroyable et qui est au cœur de ce qui fait l'Opéra. Imaginez cette femme qui est assise là, comme nous, mais qui en fait n'est plus comme nous dès qu'elle ouvre la bouche. C'est magique !

MEL : Aujourd'hui la 3e scène est lancée, des œuvres sont présentées dans d'autres lieux et elle atterrit au printemps à Landerneau ! Zone rurale, village gaulois ou banlieue de Brest… Qu'avez-vous pensé quand on a commencé à vous parler de Landerneau ?

DC : La première fois que j'ai entendu parler de Landerneau, c'est – si ma mémoire est bonne – au cours de l'émission de Christophe Ono-dit-Biot où j'étais invité pour parler de la 3e scène, et où Lorenzo Mattotti était aussi présent pour évoquer son exposition au FHEL. J'ai donc eu de Landerneau tout de suite une image très vivante, et à travers l'expression d'un artiste. J'ai ensuite rencontré Marie-Pierre Bathany (la directrice du FHEL) et Matthieu Banvillet (le directeur du Quartz de Brest) à l'Opéra Garnier. Je me suis alors documenté sur ce qu'était ce projet, ce que vous mettiez en place là-bas, ce qui avait déjà été fait. Et ce qui a fini de me convaincre, ce sont nos échanges durant lesquels j'ai senti que nous partagions beaucoup. Il y a évidemment une chose qui nous a tout de suite rapprochés, c'est l'amour de certains artistes. Cela existe en nous, c'est le cœur de nos métiers. Mais ce qui nous rapproche aussi intrinsèquement, c'est le rapport que l'on a aux publics. La conscience du public, et l'envie de l'élargir. Cette dynamique-là, c'est ce qui a fait 3e scène. L'envie qu'à l'autre bout du globe, à n'importe quelle heure, un jeune gars ou une vieille dame puissent avoir une fenêtre ouverte sur l'Opéra de Paris, avec des créations originales. Toute cette dynamique, cette ouverture, nous la partageons complètement, et nous l'avons retrouvée à Landerneau. Ici, il y a un rayonnement, une attraction qui font que les gens d'ailleurs viennent jusqu'à vous.

MEL : En cela, il y a en effet une véritable convergence entre nos démarches. Nos engagements se rejoignent. Et, justement, dans la connaissance de ce public et de cette mission, nous avons conçu ensemble ce projet d'exposition. Tu as invité Amélie à le penser avec toi. Pourquoi cette collaboration ?

DC : J'ai appelé Amélie pour qu'elle m'accompagne dans la construction de cette exposition et la coordonne avec les équipes du FHEL. Très vite dans la réflexion, nous nous sommes dit qu'il serait important d'impliquer des gens de spectacle. De faire une exposition qui soit un mélange de spectacle et de cinéma ! Amélie incarne ça. Productrice au Festival d'Avignon puis à la Villette, productrice de films aussi, curatrice. Nous travaillons ensemble depuis longtemps et elle apporte une connaissance du spectacle, des interlocuteurs du spectacle, des personnes dont il faut s'entourer dans un projet comme celui-là. On a produit ensemble de nombreux films d'art et la réflexion qui est au fondement de cette exposition vient d'années d'échanges et de discussions.

AC : Le projet est lié au plaisir que nous avons à naviguer entre différentes formes d'art et différentes formes de supports. Il y a ici un ricochet entre ces films qui ont été inspirés par le spectacle vivant, créés pour le web et qui reviennent là, à Landerneau, dans un espace physique dans lequel interviendront aussi, en *live* cette fois, des danseurs-chorégraphes.

MEL : Éric Morin, notre scénographe, a travaillé avec vous à concevoir ce dispositif…

DC : Oui et l'espace de la 3e scène sera un espace inédit. Jusqu'à présent, il y a eu des transpositions dans des lieux physiques, mais à chaque fois c'était œuvre par œuvre. C'est à Landerneau que pour la première fois, douze œuvres vont cohabiter dans un seul et même lieu, conçu spécifiquement ! Nous avons imaginé un endroit qui serait à la fois une place de village, un paysage, un cinéma en plein air – mais sous un toit ! –, un cinéma sans siège, un plateau de spectacle vivant. À l'intérieur de la halle des Capucins, Éric a dessiné un vaste espace immersif, très confortable, vallonné, avec des recoins, des détours. Les habitués du FHEL ne vont pas le reconnaître ! On va faire expérimenter au public le fait d'être allongé et de voir une image au plafond, de pouvoir s'assoupir s'il le souhaite, de se pencher parce que l'écran est au sol…

AC : Les visiteurs sont en effet invités à jouir de cette même liberté que celle qui préside aux invitations faites aux artistes de la 3e scène. Ils pourront choisir leur propre parcours. Différents types d'écrans seront répartis dans l'espace, diffusant tous le même programme, et invitant à des manières différentes de s'installer et de visionner les œuvres. Comme les corps des danseurs ou des musiciens font le spectacle vivant, le corps des visiteurs sera ici en jeu pour appréhender l'exposition : assis, debout ou couché, chacun pourra choisir la ou les positions qu'il souhaite pour regarder les films.

MEL : Comment avez-vous choisi les 12 films de la 3e scène ?

DC : La sélection a été faite sans inhibition. C'est très important. Nous avons voulu garder l'éclectisme de la 3e scène et s'adresser à tous les publics.

AC : Nous avons aussi fait appel à l'un des plus formidables éclairagistes de spectacles : Yves Godin, pour qu'il éclaire le lieu. Partant du principe que le film, c'est de la lumière, et que la première source de lumière de l'exposition devait donc être les films eux-mêmes, Yves a eu l'idée géniale de créer en vidéo 12 « intermèdes » lumineux, diffusés sur les mêmes écrans que les films, et qui seront comme des entractes, des respirations entre chaque film. On a finalement 24 œuvres dans cette exposition : les 12 films de la 3e scène, et les 12 films lumineux d'Yves ! Le concepteur sonore Pierre Aviat en a créé la bande-son, avec là encore une très grande liberté, des variations multiples sur les rythmes, les ambiances, les niveaux sonores.

DC : Nous avons eu envie que cette exposition soit « vivante », au sens premier du terme. Nous avons donc décidé qu'il y aurait en permanence dans l'exposition un danseur-chorégraphe, qui occupera l'espace avec son corps, sa pratique, son répertoire.

MEL : Cette programmation est formidable ! Comment s'est-elle construite avec les danseurs ?

AC : On a eu l'envie d'inviter des danseurs du champ contemporain, qui ne correspondent pas forcément à la première idée qu'on a de la danse, en particulier quand on parle de l'Opéra de Paris. Nous trouvions intéressant de proposer cette rencontre aux publics, dans un rapport qui n'est pas le rapport habituel scène-salle. Le public va lui-même avoir une influence sur ce que proposent les danseurs ; l'interaction sera réelle puisque les propositions des danseurs varieront forcément selon que le lieu est habité par des groupes de scolaires, des visiteurs individuels, selon l'affluence... Pour autant, les danseurs ne seront pas seulement dans l'improvisation. Chacun d'eux va en effet, par moments et librement, proposer des extraits ou des moments de danse qu'il a écrits (beaucoup d'entre eux sont chorégraphes), ou qu'il aura dansés pour d'autres chorégraphes. Il y a une présence très forte de la danse et une spatialisation qui n'est pas du tout celle du plateau. Les films auront aussi une incidence : leurs rythmes, leurs ambiances, leurs tonalités. C'est un gros enjeu pour les danseurs ; ils ne seront pas les seuls à occuper le plateau !

MEL : L'espace d'exposition devient une scène, mais une scène sur laquelle on est tous, au même niveau ! Ce sera une vraie découverte pour beaucoup. Est-ce qu'il y a des danseurs qui opèrent sur la scène bretonne ?

DC : La scène « bretonne » est vraiment très active et d'un très haut niveau. Nous n'avions pas de critère géographique *a priori* mais tout de suite, nous avons réalisé notre chance : il y a de très bons danseurs et chorégraphes en Bretagne. Parmi ceux qui nous rejoignent sur ce projet, on peut citer Emmanuelle Huynh (chorégraphe qui fait référence sur la scène française ; elle a dirigé pendant plusieurs années le CNDC d'Angers et vit maintenant à Rennes), Betty Tchomanga qui travaille souvent à Brest, Nuno Bizarro, Christophe Ives, Julien Gallée-Ferré ou Olga Dukhovnaya qui collaborent très régulièrement avec Boris Charmatz et le Musée de la danse / Centre chorégraphique national de Rennes et de Bretagne), Marcela Santander Corvalán qui a été artiste associée au Quartz...

MEL : Le Quartz qui d'ailleurs coordonne concrètement ce programme *live* dans l'expo...

DC : Oui, nous sommes très heureux que Le Quartz soit associé à ce projet car il s'agit vraiment de l'une des grandes scènes référentes françaises de création pour la danse.

AC : Il y a aussi une jeune chorégraphe, Lenio Kaklea, qui vient de faire un focus « grec » au Festival DañsFabrik du Quartz. Elle ne vit pas en Bretagne mais a des liens forts avec Le Quartz.

DC : Et Catherine Legrand. C'était notre idole. La grande interprète de Dominique Bagouet. C'est une danseuse extraordinaire !

AC : Il y a aussi des danseurs et chorégraphes qui n'ont pas, à ma connaissance, de liens évidents avec la Bretagne mais sont tout aussi extraordinaires ! Raphaëlle Delaunay, qui est d'ailleurs une ancienne danseuse de l'Opéra de Paris, Sylvain Prunenec, Alix Eynaudi, Kerem Gelebek, Volmir Cordeiro... De manière globale, au-delà de l'appartenance géographique, nous avons voulu une véritable diversité. Je n'ai pas vérifié la parité, mais il y a des hommes et des femmes, des générations différentes, des danseurs qui ont trente ans de métier, des plus jeunes dont le talent s'impose...

DC : Honnêtement, même les festivals de danse n'ont pas cette chance ! Pour un critique de danse... c'est une histoire incroyable ! Ils les connaissent tous...

MEL : Même vous Dimitri, vous allez venir danser à Landerneau !

DC : Oui ! Je vais venir danser trois jours. Je vais revisiter certaines pièces qui ont fait mon parcours avec Mathilde Monnier, la directrice du Centre national de la danse avec qui j'ai beaucoup dansé. Avec Boris Charmatz aussi. Je vais repasser des danses très écrites. Ne pas improviser trop.

MEL : Nous parlions tout à l'heure de conserver des traces de ce qui advient. Dans cet esprit nous avons décidé de faire un double catalogue pour accompagner et documenter cette exposition.

DC : Oui, un catalogue en deux temps, et donc en deux tomes : un premier – dans lequel sera publié cet entretien ! - qui révèlera des éléments liés à la fabrication des films (story-board, textes, croquis...) et sera prêt pour l'ouverture de l'exposition, puis un deuxième, qui sera élaboré pendant l'exposition et publié à l'issue de celle-ci. Pour ce tome 2, nous ferons appel à différents contributeurs (auteurs, journalistes, photographes...) qui, chacun à leur manière, documenteront l'exposition pendant qu'elle aura lieu.

AC : Nous aurons ainsi une trace de ce qui se sera passé à Landerneau pendant ces cinq semaines : des paroles de visiteurs, des récits, des photos des danseurs en action et du public dans l'espace de l'exposition, des textes d'historiens de l'art ou de critiques de cinéma... Une exposition - celle-ci en particulier, qui convoque du vivant et donne une place active aux visiteurs - existe au moment où elle a lieu, plus encore que dans le temps de sa préparation.

© Eléna Bauer / OnP

Manuela Dalle

Je me souviens

Je me souviens de Manuela Dalle associe les souvenirs de l'Opéra des spectateurs aux images évoquant des spectacles passés et l'architecture du Palais Garnier.

Pour Manuela Dalle, sociologue et réalisatrice de nombreux documentaires sur des sujets sociaux et artistiques, l'Opéra national de Paris était d'abord un haut lieu de la culture française, un endroit mythique, presque sacré. Plus récemment, elle a senti l'arrivée d'un souffle nouveau, moderne et jeune dans ce lieu d'excellence. En explorant l'Opéra avec son regard particulier de documentariste, Manuela Dalle s'est intéressée aux personnes qui donnent vie à cet édifice, artistes, artisans, administrateurs… et spectateurs sans lesquels l'Opéra n'existerait pas. Pour son film *Je me souviens*, elle a rencontré un grand nombre d'entre eux, afin de recueillir leurs souvenirs de l'Opéra. À ces récits, elle a associé des images évoquant des spectacles passés et l'architecture du Palais Garnier. Il en résulte un fascinant OVNI entre documentaire et art vidéo, inspiré par le livre éponyme de Georges Perec.

Je me souviens, le premier jour où je suis arrivé au Palais Garnier, je me suis perdu dans les couloirs.

Je me souviens de l'odeur de la terre répandue sur le plateau de Garnier pour *Le Sacre du Printemps* de Pina Bausch.

Je me souviens de l'émotion.

La première fois que j'ai entendu de l'Opéra, je me rappelle de la sensation physique du chant qui vous transperce.

J'ai toujours gardé mes billets ainsi que les distributions que j'ai collés au fur et à mesure sur les murs de ma chambre.

Je me souviens être entré dans l'ascenseur à Garnier alors que Maurice Béjart y était. Une main arrête l'ascenseur, rentre Rudolf Noureev. Autant vous dire que quand vous êtes tout jeune et que vous prenez l'ascenseur avec deux personnages comme ça, vous regardez vos pieds jusqu'au niveau du plateau.

Je me souviens avoir assisté une fois à un opéra au premier rang, j'étais vraiment tout près du chef d'orchestre. Le spectacle c'était peut-être plus le chef d'orchestre que l'orchestre lui-même.

Tout peut arriver hein, une catastrophe, un oubli, une Tosca où on oublie le poignard sur la table, comment elle va tuer son Scarpia ? Ça va poser des problèmes !

La première fois que j'ai vu un spectacle, au début j'ai cru qu'ils jouaient mal mais après une copine m'a dit qu'en fait c'était un accordement.

Je me souviens que quelqu'un a lancé un poulet vivant du haut des cintres à Garnier pour jeter un sort à une cantatrice.

C'est ça l'Opéra, tout peut arriver.

Ben on va parler de l'essentiel sinon on en a pour toute la nuit hein !

Je me souviens de la fin du spectacle des *Noces* de Marthaler, au moment des applaudissements les gens se sont mis à hurler avec une rare violence, Mortier était debout dans la salle en criant « Vous n'y comprenez rien ! ». C'était super…

On veut moderniser l'Opéra, on veut dépoussiérer l'Opéra, mais je vous signale en passant que l'Opéra c'est pas un meuble.

J'avais amené ma mère pour son anniversaire avec moi et on était placé juste derrière Benjamin Millepied et la maîtresse de ballet et donc on pouvait suivre derrière eux les mouvements de tête qu'ils faisaient pour accompagner le corps de ballet, et c'était une expérience assez incroyable.

Je me souviens qu'il y avait beaucoup de monde.

Felicity Palmer, *Dialogues des Carmélites,* génial

Philippe Jordan

Carolyn Carlson

Sylvie Guillem

Don Giovanni

Rusalka

Mademoiselle Albisson

Isabelle Guérin

Laurent Hilaire

Papageno

Karl Paquette

Pina Bausch

Monsieur Vickers

René Jacobs pour Mozart

… et je me souviens plus.

les danseurs-chorégraphes

EMMANUELLE HUYNH RAPHAËLLE DELAUNAY ALIX EYNAUDI SYLVAIN PRUNENEC DIMITRI CHAMBLAS

Rob & Maria

Piano Piano

Il y a plus de deux cents pianos à l'Opéra de Paris. Dans chaque loge, salle de répétition, au détour d'un couloir, d'une cave… Pianos de concert, d'étude, clavecin, cloches ou orgues historiques…

C'est le point de départ de Rob & Maria : réunir dans un film tous ces instruments. Rob a ainsi improvisé dans chaque espace un élément d'un ensemble musical accumulatif, où tous les claviers chantent de concert pour la caméra de Maria. Le film met en scène l'exploration des deux opéras. C'est ce formidable outil de création, la folie de cette ruche, le foisonnement et l'apparent chaos qui y règne, qui nous sont révélés.

C'est aussi une déclaration d'amour. À la musique, aux symboles parisiens, au piano, mais aussi l'un à l'autre, car Maria filme Rob, l'homme qu'elle aime qui joue du piano pour Maria, celle qu'il aime. *Piano Piano* est leur première co-réalisation.

PIANO PIANO

♩= 107,1428
5
10
15
INTRO/ OUTRO
LEAD
Basse
HARMO LEAD
Punaise
CHORDS
DROPS
PHASE 1
PHASE 2
Octave
One finger
CLAVECIN CHORDS
CLAVECIN THEME
♩= 107,1428
Celesta
Ped.
8vb

Carine Brancowitz

Intermezzo

Le dessin de Carine Brancowitz capture l'intimité et le simple quotidien des jeunes danseurs du Ballet de l'Opéra national de Paris qui se préparent pour leur cours du matin.

Avec beaucoup de poésie, Carine Brancowitz aime représenter dans ses dessins la grâce de la jeunesse. En parcourant les couloirs du Palais Garnier et de l'Opéra Bastille, qu'elle considère comme un terrain de jeu très adapté pour son travail, elle a été frappée par le contraste entre la flamboyance, la « grandeur » symbolique de ces bâtiments et « cette faune adolescente qui les investit, y travaille ardemment, presque religieusement, dans une rigueur et une dévotion totales » : les jeunes danseurs et danseuses du Ballet de l'Opéra national de Paris. Inspirée par les frises des temples grecs, Carine Brancowitz a élaboré un dessin de neuf mètres de long qui capture l'intimité et le simple quotidien des jeunes danseurs se préparant pour leur cours du matin. Cette œuvre, qui est accompagnée par un mélange de bruits des coulisses de l'Opéra et de créations plus personnelles, oscille entre réel et irréel et exprime le temps en suspension, la langueur et l'infini.

Alex Prager

La grande sortie

Dans son film qui allie une perception romantique du ballet à une perspective résolument moderne, Alex Prager imagine l'évolution de la danse d'un couple avec une touche de fantastique.

Après avoir entamé avec succès une carrière de photographe, Alex Prager a débuté en tant que réalisatrice en 2010, avec *Despair* qui évoque le film de ballet *Les Chaussons Rouges* (1948). Ses œuvres, qui ont été exposées dans des galeries et des musées renommés dans le monde entier, se caractérisent par une mise en scène soignée et un sens aigu du théâtre. En outre, elles révèlent un intérêt marqué pour le mouvement, le maquillage et les costumes. L'artiste, qui est attirée par le monde de la scène et du ballet, était ravie de le connaître de l'intérieur et de contribuer à un projet visant à faire vivre et à démocratiser l'impressionnante tradition classique de l'Opéra national de Paris. *La grande sortie* allie une perception romantique du ballet à une perspective résolument moderne. En se basant sur ses propres expériences scéniques, Alex Prager imagine l'évolution de la danse d'un couple formé par les danseurs étoiles Émilie Cozette et Karl Paquette, avec une touche de fantastique.

SCENE PAGE

27 FRAME HD1080p HD720p 720_405 AspectRatio = 1.77 PixelAspect Ratio = 1 (Square)

SHOT

ACTION

THE NEXT PERSON IN THE AUDIENCE SHE SEES IS HERSELF.
ZOOM IN TO HER FACE FROM WIDE SHOT OF AUDIENCE.

DIALOGUE

SCENE PAGE 3

5 FRAME HD1080p HD720p 720_405 AspectRatio = 1.77 PixelAspect Ratio = 1 (Square)

SHOT

ACTION

DIALOGUE

SCENE PAGE **12**

23 FRAME HD1080p HD720p 720_405 AspectRatio = 1.77 PixelAspect Ratio = 1 (Square)

SHOT

ACTION Int Ext Day Night

SHE LOOKS AT ANOTHER AUDIENCE MEMBER, AND HER PARTNER CHANGES AGAIN,THIS HAPPENS A FEW TIMES WITH DIFFERENT PEOPLE IN THE AUDIENCE, HER PARTNER CHANGES!

DIALOGUE

24

SHOT

ACTION Int Ext Day Night

DIALOGUE

SCENE ______ PAGE **17**

33 FRAME HD1080p HD720p 720_405 AspectRatio = 1.77 PixelAspect Ratio = 1 (Square)

SHOT

ACTION Int Ext Day Night

WE SEE OUR BALLERINA POP!!!!!

DIALOGUE

34

SHOT

ACTION Int Ext Day Night

THE BODY DISAPPEARS WITH DUST AND SMOKE, AND WE WATCH HER COSTUME AND SHOES SLOWLY FALL TO THE GROUND EMPTY.

DIALOGUE

David Luraschi

Giselle: The Walking Landscape

Cliché Bouffar.

Transport d'un rideau de fond (27^{m},30 de long). Certains pèsent plus de 400 kilos et traversent Paris, du boulevard Berthier à l'Opéra, portés par 24 hommes.

Giselle: The Walking Landscape rend hommage à ceux qui fabriquent dans l'ombre. Cela signifie en anglais, "le paysage qui marche". Ce paysage est une peinture de 26m de long x 14m de haut, il s'agit de la toile de fond de l'acte 1 du ballet *Giselle* d'Adolphe Adam. Le film suit le voyage de la fresque effectué à pied par 24 machinistes comme le faisaient leurs grands anciens. Le trajet débute aux Ateliers Berthier où la peinture a été réalisée par trois peintres pendant six semaines, et se termine sur la scène du Palais Garnier où elle est accrochée sous une porteuse.

Xavier Veilhan

Matching Numbers

Matching Numbers de Xavier Veilhan unit le Palais Garnier et l'Opéra Bastille par une ellipse cinématographique qui se libère de toute logique spatiale.

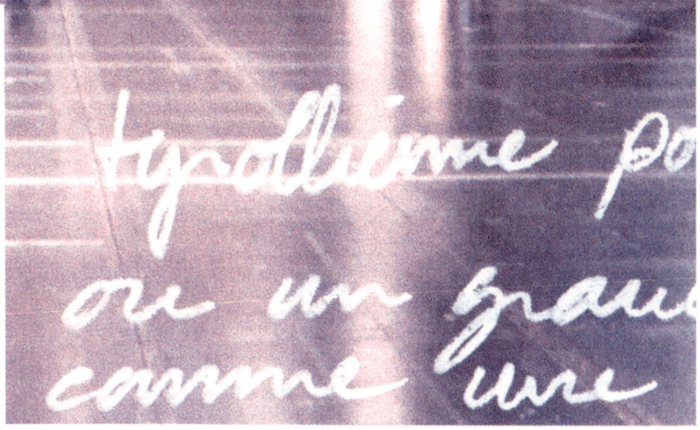

L'artiste visuel Xavier Veilhan est un maître de la mise en scène, il expose en plein air sur une place publique à Bordeaux, dans le jardin du Château de Versailles et dans des musées de Paris à Tokyo. Il n'est donc pas étonnant qu'il ait saisi l'occasion d'explorer en toute liberté les deux monuments du spectacle qui constituent l'Opéra national de Paris. Dans *Matching Numbers*, Xavier Veilhan unit ces deux entités géographiquement et stylistiquement éloignées par une ellipse cinématographique qui se libère de toute logique spatiale. En outre, il bâtit de nouveaux ponts entre l'Opéra et le monde extérieur. Sur une musique hypnotique de Zombie Zombie, l'artiste crée un univers de rêve où des objets et des êtres insolites s'invitent à l'Opéra, y déambulent, flottent, courent, pataugent, pivotent, dansent sur des vélos… Au lieu de s'intéresser aux représentations sur la scène, il capture le spectacle de l'architecture, des lumières diverses, de la machinerie et de ses majestueux jeux de technique.

dessins préparatoires pour *Matching Numbers*, 2015

Activer les "roues" des dessous de Garnier

Déplacement du plateau/ascenseur (monter descendre)

Ouvrir et fermer les rideaux de fer latéraux

Appuyer et charger le rideau de fer scène/salle

Ballet de porteuses (Appuyer et charger) - Suspendre un planeur ou un homme volant dans la cage de scène de Bastille

Construire un bateau et naviguer sur le bassin

dessins préparatoires pour *Matching Numbers*, 2015

les danseurs-chorégraphes

BETTY TCHOMANGA
CHRISTOPHE IVES
MARCELA SANTANDER CORVALÁN
LENIO KAKLEA
VOLMIR CORDEIRO

Glen Keane

Nephtali

Dans *Nephtali*, Glen Keane mêle film et dessin animé pour représenter le voyage d'une âme attirée par une puissance supérieure qui se libère après un combat.

Glen Keane, animateur légendaire de Disney qui a inventé des personnages comme Ariel, Tarzan, Pocahontas et La Bête, se souvient parfaitement de sa première rencontre avec l'Opéra national de Paris : assis dans un café, il ne pouvait s'arrêter de dessiner « le plus beau bâtiment qu'il m'avait été donné de voir ». La danse a toujours inspiré son art qui tourne autour de la création de mouvements, et il était enthousiaste à l'idée de lever le rideau et d'entrer dans un monde qui lui semblait encore plus magique que les spectacles sur la scène. Son film *Nephtali*, qui évoque les bénédictions de Jacob et le Psaume 42, est né de la comparaison entre la grâce d'une danseuse, Marion Barbeau, et celle d'une biche. Il représente le voyage d'une âme attirée par une puissance supérieure qui se libère après un combat. En mêlant film et dessin animé, Glen Keane et Marion Barbeau ont réussi à s'affranchir des contraintes de la gravité et à atteindre la liberté à laquelle le corps et l'esprit d'un danseur ne cessent d'aspirer.

DÉSIR

I She moves

←

stops (calling)

turns

moves slowly

toward calling.

senses desir

→ yearning

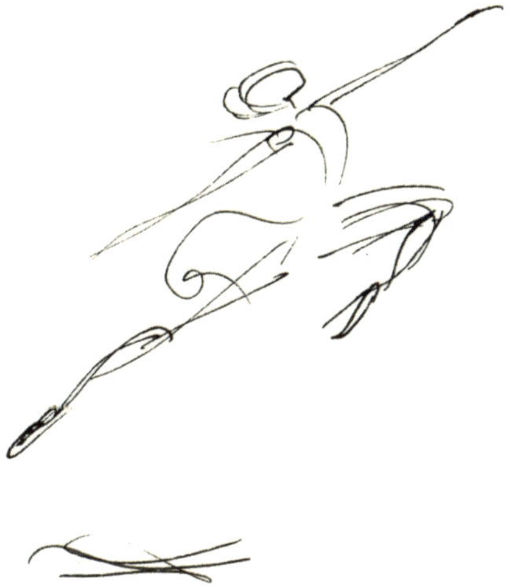

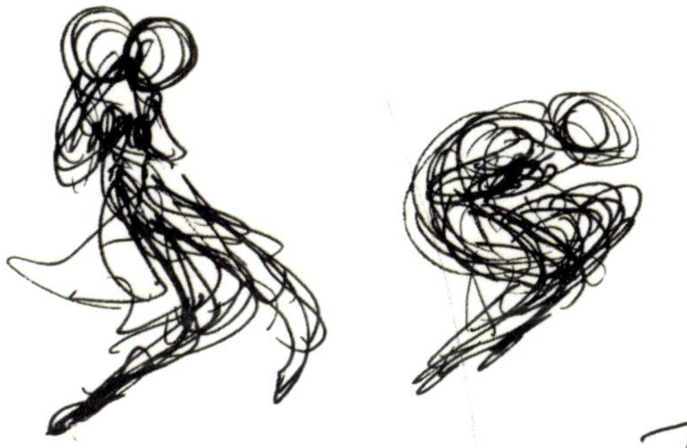

III

BREAK FREE
Leap into Freedom
LOOKING BACK
Walking backward
SPIN AROUND Celebration
arms out. Leap
Fly —

II FORCES HER WAY FORWARD
BUT DRIVEN BACK — TO HER KNEES
ALMOST REGAINED — CONTINUE ON RESISTENCE

Mathieu Amalric

C'est presque au bout du monde

J'explore un mystère qui me fascine : d'où viennent ces voix inhumaines ? D'où, dans le corps, la troublante anomalie du chant prend-elle sa source ?

Comme beaucoup de gens de ma génération, je n'ai presque pas osé approcher le ballet et l'opéra, arts trop nobles, croyais-je, a priori. Si ce n'est à travers les vinyles soviétiques Melodia de mes parents ou les souvenirs soporifiques de Lac Noisette ou autre Casse des Cygnes, forcé, enfant, d'accompagner ma mère au Bolchoï, dans mes jeunes années du Moscou brejnévien.
Alors que faire ?... Peut-être simplement partir d'une pure fascination physique de néophyte : d'où viennent ces voix inhumaines ? D'où, dans le corps, la troublante anomalie du chant prend-elle sa source, sa douceur et sa puissance ? La vibration, l'air, le son… Est-ce qu'entre le cri du bébé, l'envoûtement de la berceuse, l'effroi de l'héroïne hitchcockienne sous la douche, la respiration au travail ou les râles de la jouissance, Barbara Hannigan me soufflerait-elle la voie ?…

Poème

La voix inhumaine

D'où sort le son ? D'où vient-il
Comment cette voix ?...

Echauffements
Respiration
Souffle
Ventre (la source)

Naissance d'un cri
Cri de peur (Hitchcock)
Jouissance
Douleur
La mort (dernier souffle)
Des pleurs

- Apnée
- Berceuse
- Le visage (longtemps)

▲ Pas un portrait mais un corps.
Pas de documentaire, mais peut-être un poème, des sensations, une énigme, un mystère, une magie, une douceur, une envolée, une évidence, une stabilité, une ligne, une amplitude ...

Ville... Nature... Solitude... Hôtel... Avions... Taxis... Restaurant... Loge... *(ça ce serait le documentaire)*

ALIAS (déguisements) => sur scène

Rencontre ?
Mon fantasme

Naissance d'un son. Vider. Puissance

Faut identifier des scènes, des gestes, des "éclats"

<u>Décors</u>
. Zoo (cage)
. Loge
. Chambre d'hôtel
. Cinéma
. Studio de répétition
. Acheter un chien

Travail
(de la partition à la note)
du papier à la vibration

Mots français (Voix Humaine) qu'elle apprend.
Les phrases de Denise Duval/ de Ligeti...

Hautbois ? Piano ?
Un sourire qui devient une note

Poème d'une Soprano. Notes préparatoires de Mathieu Amalric.

Des mains sur le ventre (caresses)
Etrangler un cou ; couper une langue

Une femme jouit devant nous lorsqu'elle produit ce son.
(Peep show, Pornographie, Sorcière)
--→ un homme ne le supporte pas

Penser à Garrel filmant Jean Seberg ; aux films muets.

Animaux : un chien geint.

Des musiques qui la soutiennent… (pas la laisser seule)
LISTE MUSIQUES ET FILMS POUR RECHERCHE DE DROITS

Hitchcock
Film muet
Stravinsky
Claude Vivier
Mozart
Poulenc
Ligeti

Poème d'une Soprano. Notes préparatoires de Mathieu Amalric.

Wendy Morgan

Étoiles, I see you

Dans *Étoiles, I see you*, Wendy Morgan transpose la star américaine du "street dance" Lil Buck dans l'un des temples historiques du ballet classique.

La réalisatrice Wendy Morgan a tourné de nombreuses vidéos pour des musiciens et diverses marques dans lesquelles la danse, un art qui la passionne, joue un rôle majeur. La proposition de l'Opéra national de Paris de contribuer à la 3e scène lui a donné l'opportunité de travailler à nouveau avec le danseur américain Lil Buck. Dans *Étoiles, I see you*, Wendy Morgan a transposé cette star du "street dance" - célèbre pour son adaptation de *La mort du cygne* - dans l'un des temples historiques du ballet classique. Grâce à sa présence imposante, cet interprète extraordinaire n'y trouve pas seulement sa place, mais les œuvres d'art du passé semblent communiquer avec lui. Ses mouvements, son apparence et son style se reflètent de manière inattendue dans les sculptures et les tableaux du Palais Garnier. Le film capture la beauté de ces différentes formes d'art qui transcende le temps, mais il conserve aussi une touche de légèreté et d'humour, à l'image de la personnalité de son sujet.

Début du message réexpédié :
De: wendy morgan <wendy@wendymorgan.net>
Date: 1 juin 2015 11:36:16 UTC+2
À: Amélie Couillaud <amelie.couillaud@gmail.com>, Chamblas Dimitri <DCHAMBLAS@operadeparis.fr>
Objet: scout tomorrow at opera garnier

hi Amalie / Dim
I was hoping to come by the opera with to scout and also to shoot some details, things like marble textures ect. My cousin will come with me with his camera, we would like to come tomorrow at 11:00AM.

Does that work?

Also Im wondering I wanted to borrow / rent a shoulder / mount for my cousins camera, something very simple for his Canon 5 D
Do you guys have any ideas where I could get one?

Let me know
thanks!
Wendy

Début du message réexpédié :
De: wendy morgan <wendy@wendymorgan.net>
Date: 7 mai 2015 10:39:02 UTC+2
À: Amélie Couillaud <amelie.couillaud@gmail.com>
Cc: Chamblas Dimitri <DCHAMBLAS@operadeparis.fr>
Objet: Rép : Confirmation + repérages

Great news. Tomorrow morning sounds good, what time where you thinking?
x

On 2015-05-07, at 8:43 AM, Amélie Couillaud wrote:

Hello Wendy.
we can confirm the film with Lil Buck, we just solved the administrative issues, youpi !
I'm glad you had this opera visit yesterday, Dim told me about it and the project sounds good.
Can we plan «repérages» with Sylvestre tomorrow morning? Sylvestre is ok for it and it would really be the best moment. Tell me?
I'll give you a call in the afternoon to go on.
Happy to work with you again :-)
Besos.
A.

Début du message réexpédié :
De: wendy morgan <wendy@wendymorgan.net>
Date: 7 mai 2015 14:38:15 UTC+2
À: Chamblas Dimitri <DCHAMBLAS@operadeparis.fr>, Amelie couillaud <amelie.couillaud@gmail.com>
Objet: Rép : Studio Zambelli

I think it should be the studio Zambelli or the Foyer de la Dance...

Début du message réexpédié :
De: wendy morgan <wendy@wendymorgan.net>
Date: 10 mai 2015 13:30:29 UTC+2
À: Amélie Couillaud <amelie.couillaud@gmail.com>
Cc: Chamblas Dimitri <DCHAMBLAS@operadeparis.fr>
Objet: Rép : extra idea re shoot tomorrow

Hi Guys!
Ive finally had time to think about the film properly and I have a few ideas, Id like to run by you both.

Photography gear:

a few changes to gear order: I wanted to run it by you first then we can talk to Sylvestre, Im sorry its so last minute but I hope you understand:

I would love to get a **slider**, maybe four foot long, we can **mount them on tripods,**
the longest one we can get, if there are curved ones I would take that as well

Is there a zoom lens we can bring.... maybe Sylvestre has one in his kit?

Also Im thinking the film could look really cool in Black and White so if he wants to bring any special **filters**, or what he thinks might enhance the look, I am looking for a reference and will send something shortly.

Im also trying to get my cousin to come because I know more gear means we need more people, but we will only shoot in the one dance studio tomorrow.

Wardrobe:
Even if he says no, maybe its worth it to go take a look at this dance / clothing store in before the shoot... if its close to the Opera.

Concept:

Im still into shooting details and paintings and pieces of the architecture

Also perhaps we need to talk in person as the idea is a bit tough to explain, but it would be good to know if its even possible:

I also have this idea of finding matching lines, shapes, moods in the buildings, repetition of forms and movements as well, kind of like a wave form.

les danseurs-chorégraphes

JULIEN GALLÉE-FERRÉ

OLGA DUKHOVNAYA

NUNO BIZARRO

CATHERINE LEGRAND

KEREM GELEBEK

Éric Reinhardt

Je vous emmène

La première fois que l'écrivain Éric Reinhardt a pénétré les coulisses de l'Opéra de Paris, c'était à l'automne 2004, pour y tenir le journal de bord d'une création d'Angelin Preljocaj, *Le Songe de Médée*. Il est alors tombé amoureux de la magie du palais Garnier, et c'est aussi de cette époque que date son amitié avec la danseuse étoile Marie-Agnès Gillot. Éric Reinhardt est retourné à l'Opéra de Paris cinq ans plus tard, mais cette fois à Bastille, quand Angelin Preljocaj lui a passé commande du livret de son ballet *Siddharta*.

Alors, pour 3ᵉ scène, rien d'étonnant à ce qu'il ait pensé à Marie-Agnès Gillot, ainsi qu'au plateau monumental de l'Opéra Bastille, avec son impressionnante profondeur de quatre-vingts mètres. C'était sa seule exigence : que toutes les arrières-scènes soient entièrement vides, nues, afin de les rééclairer, et d'y filmer Marie-Agnès Gillot perdue dans l'abstraction d'un lieu indéfini, métaphysique. Au préalable, Éric Reinhardt a demandé au compositeur Sébastien Roux d'écrire une bande-son à partir d'un extrait de son roman *Cendrillon*, lu par Laurent Poitrenaux.

Une bande-son de huit minutes, à laquelle se superpose un plan séquence de huit minutes, où se mêle la voix d'un homme qui se souvient d'une rencontre inespérée suivie d'une perte aussi cruelle qu'inexorable : *Je vous emmène* résulte de la combustion simultanée du son, du texte, de l'image, du corps, du temps et de l'espace, afin d'y délivrer une lente et unique sensation, celle du présent pur, des exigences de l'instant, des chances qu'on ne saisit pas.

15

C'est en mars 1999, quelques semaines après les shorts d'Igitur sur Softbank, que Laurent Dahl la rencontra dans le TGV qui allait de Marseille Saint-Charles à Paris-Gare de Lyon. Il l'avait remarquée sur le quai, un billet à la main, qui cherchait son wagon. Il avait été saisi : elle était le miracle qu'il attendait depuis toujours, rousse, pulpeuse, le teint pâle, des yeux verts. Il l'avait regardée qui évoluait sur le quai. Un embrasement atmosphérique accompagnait son évolution dans la gare. Elle effectuait cette chose-là si ordinaire (s'orienter) (localiser son wagon) (plusieurs personnes se retournèrent sur son passage) d'une manière qui la distinguait radicalement du commun des mortels : avec une grâce d'impératrice. Laurent Dahl attendit qu'elle eût trouvé sa place (il le vérifia en regardant par les vitres) avant de s'infiltrer dans le wagon où elle s'était hissée et s'y choisir un emplacement avantageux. Il savait que ce train, un mercredi de mars en milieu d'après-midi, serait à moitié vide. Il affecta de rechercher son siège et prit place à côté d'elle de l'autre côté du couloir : ils se trouvaient séparés l'un de l'autre par la largeur de l'allée. Il tenta de la convaincre qu'il ne l'avait pas remarquée, emprunta les apparences d'un homme préoccupé, déplia le *New York Times* sur sa tablette et entreprit d'en parcourir les titres. Toutes les fois qu'il

539

levait les yeux de son journal c'était pour regarder par sa vitre, à l'opposé de la jeune femme, Marseille qui défilait. Ce n'est qu'un peu plus tard, une fois le TGV lancé à pleine vitesse, qu'il osa poser sur elle cette hébétude qui consumait ses sens, jeter un œil sur son profil d'albâtre, sublime de pureté, d'une finesse inouïe. Elle lisait. Elle avait croisé les jambes. Un soulier à talon haut s'était introduit immobile dans l'espace du couloir sous les yeux de Laurent Dahl qui remarqua de petites taches de rousseur dispersées sur ses genoux : il adorait les petites taches de rousseur dispersées sur les genoux : événement corporel auquel il ne résistait pas. Comme il l'avait conjecturé le train était pratiquement vide : leur wagon l'était totalement : il n'y avait qu'eux. Laurent Dahl aurait donné dix ans pour obtenir la grâce d'un entretien : pas seulement quelques phrases mais une conversation véritable de quatre heures qui seraient les quatre premières des milliers d'heures qu'il vivrait par la suite avec elle. Comment s'y prendre ? Son existence tout entière suspendue à l'amorce d'un entretien ferroviaire. Il désirait éviter l'irréversible en s'attirant d'emblée par une phrase défectueuse qu'il aurait dite un refus catégorique : un sourire déterminé qui le congédierait condamnerait toute tentative ultérieure mieux inspirée, sauf à commettre l'impudence de s'insinuer auprès d'elle avec la détestable insistance du séducteur obstiné. *Contrôle des billets s'il vous plaît.* Le contrôleur de la SNCF poinçonna le billet de la jeune femme, *Merci bien, bon voyage*, puis se saisit de celui de Laurent Dahl : *Vous n'êtes pas dans la bonne voiture*, déclara-t-il d'une voix sonore : *vous êtes voiture 7 et nous sommes là dans la voiture 12.* Le contrôleur jeta un œil fugace sur la jeune femme : *Par ailleurs vous étiez place 12 et là vous êtes place 36. Vous avez des problèmes*

540

avec les chiffres ? – Ah bon ? Je me suis trompé ? Je suis vraiment désolé. Laurent Dahl regarda la jeune femme : elle le considérait fixement. – *Enfin bon le train est vide aucun problème*, rigola le contrôleur en poinçonnant son billet. *Je vous souhaite un excellent voyage monsieur !* et Laurent Dahl n'eut plus de doute : le fonctionnaire de la SNCF (après s'être assuré par ce coup d'œil sur l'inconnue qu'ils n'étaient pas ensemble) avait délibérément entrepris de le ridiculiser. Laurent Dahl avait rougi violemment : il glissa son billet dans la poche intérieure de sa veste en éprouvant les effets d'une dévastation intérieure sans équivalent. Il tourna la tête vers la jeune femme : qui lui sourit. Il voulut s'assurer que cette offense ne l'avait pas contrariée : elle lui sourit. Un sourire de quelle nature ? Difficile à qualifier. Un sourire qui lui disait l'étrangeté de la situation. Un sourire qui soulignait le caractère métaphysique de ce wagon totalement vide. Un sourire qui exprimait que quelque chose d'inhabituel avait commencé de se produire. Un sourire dont l'intention était de dissoudre dans l'instant la gêne malsaine qui venait de s'emparer de lui. Enfin un sourire qui désignait l'humour involontaire de la situation : Laurent Dahl n'avait pas anticipé, à mille lieues de ce romantisme un peu naïf qu'elle avait détecté, l'indiscrétion du contrôleur. Que répondre à ce sourire ? Quelle phrase adéquate accrocher à ce sourire ? Il n'en trouva aucune qui ne risquait d'en amoindrir la grâce : il se contenta de le lui rendre, de composer sur ses traits, d'instinct, transfiguré par le bonheur, un sourire d'une nature équivalente. *Vous étiez à Marseille ? Qu'est-ce que vous faisiez à Marseille ? Qu'est-ce que vous faites dans la vie ? Moi je suis dans la finance. Moi je travaille à Londres. Vous n'aimez pas Marseille ? Pourquoi vous n'aimez pas Marseille ? Je suis allé voir*

541

un investisseur libanais qui habite à Marseille. Vous êtes cantatrice ? ~~*Un family office si vous préférez. Vous ne connaissez pas cette expression family office ? Mais qu'est-ce que vous chantez ? Quel est votre répertoire ?*~~ *Je suis propriétaire d'un hedge fund réputé qui casse la baraque. Vous avez des amis à Marseille ?* ~~*Qui vous ont hébergée une semaine ?*~~ *J'ai gagné l'année dernière 27 millions de dollars.* ~~*Un family office ce sont des gens comme vous et moi (surtout comme moi d'ailleurs !* il aurait ri tout seul de ce trait d'esprit un peu vain) *qui gèrent la fortune personnelle d'un individu richissime.*~~ Toutes ces phrases qu'il aurait dites auraient été haïssables. Il aurait fallu aller plus loin, s'envoler vers les pensées les plus élevées. ~~Puis la jeune femme se détourna du visage de Laurent Dahl et poursuivit la~~ lecture de son livre : il détecta sur ses lèvres un résidu de ce sourire qu'elle lui avait donné. Il se passa ensuite, sans un mot prononcé, sans un regard échangé, presque deux heures. Lui parler ? Lui donner le sentiment qu'il abusait de sa délicatesse ? Il se serait trouvé grossier d'exploiter si rapidement cette apparence d'opportunité. Car Laurent Dahl la tenait déjà en si haute estime qu'il refusait de voir dans ce sourire une invitation à lui parler mais au contraire un pur principe de raffinement – qu'il ne pouvait concevoir de piétiner impunément. Sans doute Laurent Dahl n'avait jamais autant réfléchi de sa vie que durant ces deux heures. Le caractère onirique de ce wagon désert accentuait le rayonnement de la jeune femme et la sensation d'avoir été mis sur son chemin par un hasard aussi puissant que celui d'un rêve : il éprouvait la sensation de vivre une situation inventée. La jeune femme se leva, Laurent Dahl orienta son visage vers le sien, elle lui sourit et s'éloigna vers l'extrémité ~~du wagon. Il ouvrit le *New York Times*. Il lut trois fois~~

542

~~les premières phrases d'un article et rangea le journal dans son sac. L'inconnue revint s'asseoir sur son siège quelques minutes plus tard et Laurent Dahl la regarda : elle ne réagit pas.~~ Une demi-heure se déroula ainsi dans le silence du wagon vide. Laurent Dahl traversait le paysage à l'intérieur d'une question en mouvement, lente et douce, secouée, qui convoquait à la surface de ses parois vitrées enrichies de reflets les notions de temps, d'espace, de vitesse, d'invariance, d'attraction, de trajectoire, de chaos, d'accident, d'harmonie, de courbure, d'énergie, de hasard – dans le balancement impassible d'un wagon vide qui traversait une image paysagère fouettée et immobile, violentée et distante, concrète et théorique. ~~Et c'est alors que la voix de la jeune femme se fit entendre, d'une manière peu ordi~~naire, presque affectée, déjà lancée dans quelque chose qu'elle poursuivait. Il ne s'agissait pas d'une éclosion, d'une phrase introductive, cela il le perçut avant même de se tourner vers elle et de la voir lui déclamer en italien, intime et théâtrale, un extrait de ce livre qu'elle tenait dans ses doigts. Laurent Dahl regarda sa voisine ébloui, se laissa enchanter par la musique de la langue, absorba sans en saisir le sens les sourires et les regards, leur malice et leur mystère, les pauses méditatives qu'occasionnaient certains passages. Laurent Dahl adorait ces yeux verts qui se posaient sur lui à l'occasion d'une virgule, d'un adverbe, d'un adjectif. Laurent Dahl adorait cette mélodie heurtée, ondulante, qui sortait du profil de ses lèvres. Elle battait la mesure avec ses doigts diaphanes aux ongles longs. Elle avait trouvé le moyen de le laisser la contempler avec avidité sans indécence. Une proximité inouïe, créée par la musique des mots, quelque chose d'opaque et de sensuel, d'abstrait et ~~d'enchanteur, par quoi c'était le corps de l'inconnue qui~~

543

~~s'imposait, ses lèvres et ses yeux, ses dents et sa salive,~~ ses cheveux roux et sa peau blanche, la tessiture de sa voix grave, une impudeur d'une nature inédite avait fini par les réunir, comme un second concept à l'intérieur du premier, comme une seconde coquille à l'intérieur de la première, la musicalité d'une inconnue dans l'intimité d'un wagon vide. Cela dura une heure. Puis elle ferma le livre doucement : *Montale, Eugenio Montale, mon écrivain préféré, peut-être que je vous traduirai, un jour, un soir, quelques-uns de ces textes*, elle s'empara de son sac de voyage et disparut hors du wagon. Laurent Dahl : incrédule, au bord d'un cri extrême dont il sentait l'urgence de l'explosion dans sa poitrine et dans sa gorge. La jeune femme revint s'asseoir une vingtaine de minutes plus tard vêtue d'une robe en astrakan, noire, échancrée, qui accentuait la pâleur surnaturelle de l'épiderme, d'un chapeau noir, de sandales à talons ~~qui révélaient les plus beaux orteils qu'il avait jamais vus.~~ Ils marchèrent côte à côte sur le quai vers le hall principal. Que faire ? Que lui dire ? Comment poursuivre ? Comment sauver son existence ? Ces questions l'asphyxiaient. Elle s'immobilisa et se tournant vers Laurent Dahl s'élucida telle une dompteuse qui fait claquer son fouet : ~~*Je vous emmène.*~~ Il n'en crut pas ses oreilles. Cette phrase-là qu'il avait toujours rêvé de s'entendre dire, a fortiori d'une reine de fer telle que celle-ci, inaccessible, incandescente, l'inconnue la lui offrit sur un quai de Paris-Gare de Lyon. – *Vous m'emmenez ?* Il suffoquait. ~~– *Je vous emmène.* Il lui sourit : de félicité.~~ – *Et... où avez-vous l'intention de m'emmener ?* ~~– *À Los Angeles.*~~ – *À Los Angeles ?* ~~– *À Los Angeles.*~~ Il y avait du jeu dans le regard sérieux de l'inconnue : un jeu léger et un sérieux extrême. – *Well...* ~~répondit Laurent Dahl.~~ *Voilà une excellente idée me*

544

semble-t-il. ~~Le regard de l'inconnue articula : *N'est-ce pas...*~~ Laurent Dahl la dévisagea avec intensité quelques secondes : *Je vous accompagne à votre taxi en tout cas.* Détonation dans les yeux de la jeune femme. Sur cette phrase quelque chose se modifia. Cet assemblage de jeu et de sérieux laissa place à un visage plus réaliste qui s'accorda à la réplique si réaliste de Laurent Dahl, qui ~~dès lors ne cesserait de se convaincre (dans les mois qui suivraient) qu'il~~ n'avait fait que décevoir cet instant culminant (miraculeux : d'une fragilité dont il n'avait su le protéger). ~~Leurs épaules se frôlèrent lorsqu'ils marchèrent vers la sortie, contact qui exprimait le consentement de l'inconnue, un consentement dont il sentit qu'il n'était déjà plus qu'un souvenir.~~ Ils arrivèrent côte à côte devant la file de taxis. L'inconnue s'approcha d'une voiture et lui tendit la main. Laurent Dahl regarda paniqué cette main tendue et refusa de la saisir. *Attendez...* bégaya-t-il. *Attendez une minute...* Il s'essoufflait. Il regardait mécaniquement autour de lui comme pour trouver une solution. ~~Il se suicidait mentalement de n'avoir pas été à la hauteur de cet instant fugace qu'elle lui avait offert.~~ *Je suis attendu en réalité... et il m'est difficile... pour ne pas dire impossible... de me soustraire...* ~~La main était toujours tendue.~~ L'inconnue était le miracle qu'il espérait depuis quinze ans. Un sourire conclusif, indulgent, malicieusement désolé, nostalgiquement compréhensif, d'une supériorité écrasante, était peint sur ses lèvres. ~~*Ce n'est pas ce que vous pensez...* ajouta lamentable Laurent Dahl. *Je veux dire... – Je ne suppose absolument rien. Et l'aurais-je supposé que cela n'aurait pesé d'aucun poids.*~~. L'inconnue avait rétracté sa main : par lassitude. Mais elle restait tendue théoriquement : ce retrait vaudrait à Laurent Dahl de devoir se séparer de la jeune

545

Loren Denis

O comme Opéra

Le film *O comme Opéra* de Loren Denis est un abécédaire inversé poétique et avec une pointe d'humour, porte d'entrée insolite vers l'univers de l'Opéra national de Paris.

Loren Denis, réalisatrice, photographe et mannequin, aime se retrouver des deux côtés de la caméra. Pour elle, l'Opéra national de Paris a toujours été un endroit magique, prestigieux et attrayant, et la danse incarne une sorte de "poésie ultime". Quand elle a été invitée à participer à la 3e scène, Loren Denis s'est précipitée sur cette occasion de passer de l'autre côté du miroir : elle a souhaité explorer les recoins cachés du Palais Garnier et de l'Opéra Bastille et faire communiquer ces deux bâtiments qui, malgré leur esthétique différente, ont une âme commune. Avec son co-scénariste Anthony Vibert, elle a inventé un abécédaire inversé poétique, en pointant l'humour et le second degré, porte d'entrée insolite vers l'univers de l'Opéra. On y découvre des danseurs, chanteurs, musiciens, mais aussi des personnes et des endroits invisibles pour le public, tels les nombreux ateliers où sont fabriqués les décors, les costumes et les accessoires, avec un savoir-faire artisanal d'exception.

Z

comme

Zen

Y

comme

Yeux

X

comme

XXL, eXtraordinaire,
eXcitant

W

comme

Waouh, Wow, Wouaah

V

comme

Virage, Vivant, Voltige,
Vertige, Vide, Vibrant.
Voilà.

U

comme

Urgence, comme Unisson

T

comme

Troublant, Temps, Tempo,
Terre, Traverse, Toile,
T comme Toc, toc, toc

S

comme

Souffle

R

comme

Reprise, Rappel, Risque,
Règle, Rouge, Rideau, Rrrr,
Rugir

Q

comme

Quotidien, Q comme Cul

P

comme

Pointu, Palette,
Profondeur, Plonger, Plouf,
Pause

O

comme

Origami, Orchestre, Oracle,
Organique, Orage, Origine,
O comme c'est Ouf

N

comme

Nuit

M

comme

Mesure, Métronome,
Millepied

L

comme

Le, La, Lunaire, Labyrinthe,
ce qui nous amène à...

K

comme

Kilomètre, et puis mon préféré, Kif

J

comme

Jeu, Jongler, Jeter, Jambe, J'adore, Jurés, Jury, Jadis, ce qui nous amène à…

Je ne vais pas faire toutes les lettres de l'alphabet, si ? Si. Bon, allez.

I

comme

Imminent, Immédiat, Indispensable, Imaginaire, Indissociable

H

comme

Humilité

G

comme

Graffiti, Gorille

F

comme

Flamme, Frontière, Fuite

E

comme

Écho, Étrange, Entracte, Évanouir, Envol, Échappée

D

comme

Droit, Démêler, Disparition

C

comme

Compte à rebours. 3, 2, 1… Chuuuuuut.

B

comme

Beat, Boum

A

comme…

J'aurais pu terminer avec Artifice, mais j'ai plutôt envie de finir en Apothéose, Attention, Ardeur, Absorption, Accroche, Abstrait, Aérien, Architecture, Abandon. Âme.

Julien Prévieux

Patterns of life

Dans *Patterns of life* de Julien Prévieux, cinq danseurs de l'Opéra national de Paris exécutent des chorégraphies à partir de protocoles et résultats scientifiques dans six cadres différents.

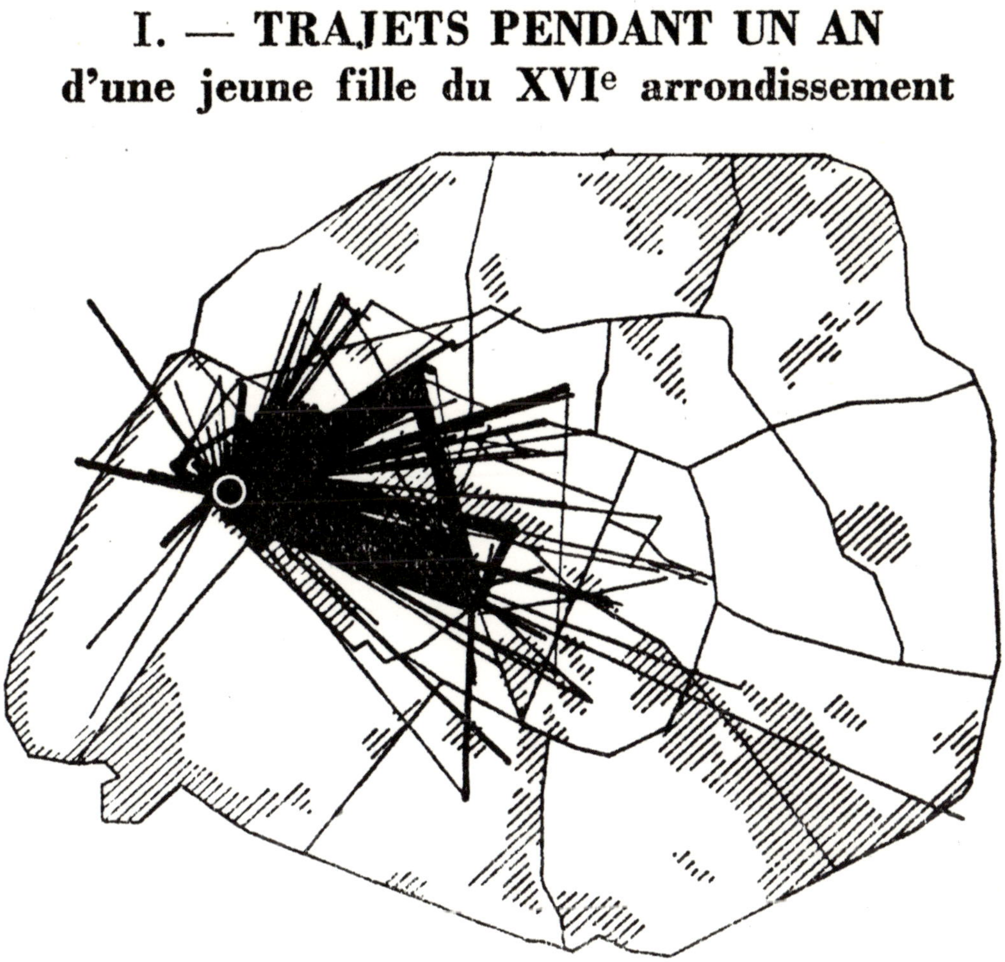

diagramme extrait de *Paris et l'agglomération parisienne* Tome Premier "l'espace social dans une grande cité". De Paul-Henry Chombart de Lauwe. 1952. Aux Presses Universitaires de France.

Quel que soit le medium qu'il emploie, Julien Prévieux, lauréat du Prix Marcel Duchamp 2014, s'intéresse depuis un certain temps au mouvement. Dans son film *What shall we do next ?* , des gestes brevetés par des sociétés, notamment pour l'usage d'appareils électroniques futurs, sont interprétés comme des instructions chorégraphiques. L'invitation à participer à la 3e scène lui a permis de poursuivre cette réflexion avec des danseurs du Ballet de l'Opéra national de Paris. Son film *Patterns of life* porte sur les manières dont les déplacements du corps ont été enregistrés et mesurés depuis les photographies visualisant des mouvements humains à la fin du XIXe siècle à l'aide de points lumineux attachés au corps. Dans six cadres différents, cinq de ces danseurs exécutent des chorégraphies à partir de protocoles et résultats scientifiques, pendant qu'une voix off fait allusion au contexte économique, militaire ou politique de chaque expérience.

Génériques des films

Remerciements chaleureux à tous les collaborateurs de l'Opéra national de Paris qui ont rendu possible la réalisation de ces films.

Je me souviens

Un film de Manuela Dalle

Avec par ordre d'apparition à l'écran :
Gemma Ni Bhriain Artiste lyrique
Adrien Couvez Coruphée du Corps de ballet de l'Opéra national de Paris
Xavier Ronze Responsable du service costumes de danse
Myriam Kamionka Sujet du Corps de ballet de l'Opéra national de Paris
Benjamin Laurent Pianiste et Chef de chant de l'Opéra national de Paris
Thalie Priou
Gilles Djeraouane Intendant du Palais Garnier
Valérie Reibel
Yuji Suzuki
Robert Kleinfelden
Philippe Bernard
Anne-Marie Zazza
Emmanuel Binkadi
Helyett Moge
Elisabeth Moussous Artiste Lyrique
et les enfants de la classe des "Petits violons"
de l'École Polyvalente, 142 Poissonniers à Paris
Image Alexandre d'Audiffret
Montage Camille Guyot
Son Bruno Banquy
Musique et mixage Pierre Aviat
Étalonnage Alexandre Sadowsky
Produit par Camera lucida
Producteurs François Bertrand, Sylvie Gautier
Directeur de production Vincent Décis
Stagiaire de production Inès de La Rochefoucauld
© Opéra national de Paris

Piano Piano

Un film de Rob & Maria

Mise en scène Maria Larrea
Musique originale Rob
Chef opérateur David Chizallet
Production Slowdance
Productrice Juliette Lambert
Directrice de production Mélodie Buchris
Coordinatrice de production Valentine Suc
Consultant son Nicolas Becker
Ingénieur du son Djengo Hartlap
Ingénieur du son Guillaume Couturier
Mixage Jack Lahana
Assistant musique Moritz Reich
Premier assistant caméra Kevin Rose
Deuxième assistant caméra Marina Piantoni
Steadycamer Remi Quilichini
Régisseur général Kim Shewy
Régisseur Alexandre Luu
Régisseur Roshane Faife Lajonie
Monteur Hugo Lemant
Assistant monteur Margot Pluet
Étalonneur Gabriel Porier
Assistant étalonneur Maxime Mourey
Compositing Maël Gaumont
Post-producteur Josselin Dor
Post-production Nightshift
Remerciements chaleureux
Rvz, DPA Microphones, AUDIO 2, HAL, Beckhart
© Opéra national de Paris

Intermezzo

Un film de Carine Brancowitz

Mixage son Angelo Cesconi
Postproduction Guillaume Delaperriere Studio
Dessin original Carine Brancowitz Intermezzo
Encre et crayon sur papier 10 mètres sur 0.43 mètres (2015)
© Opéra national de Paris

La grande sortie

Écrit et réalisé par Alex Prager

Avec Émilie Cozette et Karl Paquette
Laurent Novis, Christine Amiot, Ludovic Wystraete
Produit par Jeremy Dawson
Une production Slowdance
En coproduction avec l'Opéra national de Paris
Producteur délégué Juliette Lambert
Directeur de production Yannick Dupas
Productrices Octavia Peissel, Josie Heiman
Directeur de la photographie Ross Richardson
Chef costumière Callan Stokes
Chef décorateur David Bersanetti
Monteur Matt Chessé
Dance repetiteur Sebastien Marcovici
Musique Nigel Godrich
Avec
L'homme américain John Pearce
La femme américaine Jane Nogent
Le jeune-homme dans la queue Martin Flori
Le vieil homme dans la queue Michel Pegné
Le guichetier Jean-Marc Guillerme
Figurants
Agnès Akopian, Raul Fokoua, Alain N'Diaye
Patricia Ambassa, Isabelle Fournier, Jane Nogent
Sidonie Anani, Jean-Yves Freyburger, Anita Parent
Sarkis Atechian, Armando Gamberini, John Pearce
Sabine Beaufils, Charlotte Gerbault, Michel Pegné
Eliane Boccara, Alban Gerome, Angelique Pleau

Louis Salvatore Bellanti, Philippe Giai-Miniet, Valérie Pourret
Philippe Bousquainaud, Jean-Pierre Gerbault, Vanessa Prager
Laurent Bruzon, Nigel Godrich, Lydie Pravikoff
Gerald Cesbron, Triin Gourlaouen, Eva Quinto
David Chour, Jean-Marc Guillerme, Michele Raingeval
Christophe Clarimont, Sylvie Gravagna, Fabrice Robert
Gregory Clin, Tony Iannone, Claire Rochelle
Enola.S Cluzeau, Nicolas Kocher, Sylvain Ribot
Patricia Dagmey, Catherine Jabot, Daniel Sempore
Jacques Yves Dorges, Béatrice Jouannaud, Philippe Serino
François Paul Doussot, Raphael Magnabosco, Christina Sharp
Thierry Dufournaud, Gilles Martin, Evan Sharp
Mauricette Dumon, Laurent Mentec, Jean-Paul Sansamat
Christine Duveau, Rosella Nardelli, Claire Tatin
Julien Ferreira, Martin Nigel, Hoai Vu
Martin Flori, Laurent Lafuma, Pierre Vu
Louise Leal
Production
Coordinatrices de production Marie Alegre, Valentine Suc
Assistante de production Louise Cortial
Régisseur général Marc Le Campion
Assistants régie Sebastien Querité, Julien Feuillatre, Jean Patrick Nourricier, Claire Le Saint
Assistants de production Alexandre Judas, Laure Boyer, Simon Farge, Paloma Lopez
Assistants de production plateau Éric-Emilien Naman, Erwan Doré, Delphine Godin
Premier assistant réalisateur plateau Franck Percher
Deuxième assistant réalisateur Helena Cotinier
Monteur son Andrew DeCristofaro, M.P.S.E.
Mixeurs son Mark Fleming, Robert Carr
Étalonneur Tim Stipan
Second assistant caméra Mathieu Cassan
Second assistant caméra David Caparros
Premier assistant caméra Sylvain Zambelli
Steadycamer Mathieu Caudroy
Assistante vidéo Evgenia Alexandrova
Assistante caméra Agnès Jeanneau
Premier assistant photographe Tyler William Parker
Second assistant photographe Bruno Inacio
Photographe de plateau Yulya Shadrinsky
Runner Fanny Goineau, Louise Molière
Ingénieur son Damien Perrolaz
Chef électricien Michael Monod
Électriciens Cédric Guerby, Michael Wallet, Teddy Moireau, Willy Heilmann, Antoine Perdreau, Jerôme Baudouin, Aurélien
Électricien Helium Olivier Neveu
Assistant électricien Helium Maxime Fossen
Chef machiniste Martin Desfossez
Machinistes Julien Saffroy, Giovanni Quene, Timothée Anciaux, Adrien Pellegrini
Directeur artistique Leslie Herzhaft
Chef constructeur Jean-Michel Guerin
Constructeurs Daniel Ravaz, Rabeir Ourak
Chef peintre Christophe Hervé
Peintre Laurent Barcelo
Décorateurs Pascal Chevé, Thierry Doerflinger, Agnès Demaegdt
Effets spéciaux Jean-Pierre Barthes
Assistants effets spéciaux Jean-Jacques Vassal
Scripte Helene Sevaux
Chef maquilleur Ossiel Ramos Abarca
Assistants maquilleurs Virginie Rascle, Israel Escareno Chong, Claudia Gamino
Chef coiffeuse Sonia Duchaussoy
Assistants coiffeurs Clémence Magny, Antoine Wauquier, Maharu Oshima
Manucure Sally Derbali, Essia Derbali
Assistant styliste US Gabriel Marrazzo
Assistante styliste US Clara Lyonnet
Couturière Olga Papp
Chef costumier France Fredéric Cambier
Assistants styliste France Caroline Spieth, Edgar Fichet, Alexandre Chagnon, Stéphane Hardy, Jérémie Fouqué
Directeur de casting Nicolas Lublin
Assistant casting Anton Lombart
Post production
Post producteur J.M. Logan
Premier assistant monteur Matt Sweat
Assistant monteur Ken Griffin
Titres créés par Mustaa Luntaa
Chef designer Simon Dargan
Services son post production par NBCUNIVERSAL STUDIO POST
Designer son Michael Payne, M.P.S.E.
1er assistant monteur son David Stanke
Monteur dialogue Darren "Sunny" Warkentin, M.P.S.E.
Technicien mix Douglas Parker
Intermediaire numérique par EFILM
Producteur intermédiaire numérique Wayne Adams
Monteur intermédiaire numérique Tommy Dorsett
Assistant étalonnage intermediaire numérique Jake King
Imaging science Matthew Tomlinson
Optiques numériques Pat Clancey
Rushes numériques par EC3
Étalonneur rushes Rich Montez
Opérateur rushes Chris McDonalr
Digital Workflow technicien/ingénieur Terry Morrison
Producteur rushes Jason Esquivel
Effets visuels par 11:11 MEDIAWORKS
Effets visuels Roger Nall
Graphistes numérique Chad Narducci, Nathan Evans
Consultant effets spéciaux Henrik Fett
LockTix VFX LOS ANGELES, CA
Producteur executif VFX Gresham Lochner
Producteur VFX VW Scheich
Superviseur VFX Matthew Bramante
Graphiste VFX Nick Rosselot
Musique
"Grandes Etudes de Paganini, S141/R3b: No. 3 in G-Sharp Minor, "La Campanella""
Written by Franz Liszt
Performed by Jeno Jando
Courtesy of Naxos
By Arrangement with Source/Q
"Le Sacre du Printemps (The Rite of Spring) / Part I : The Adoration of the Earth - Introduction"
Performed by Igor Stravinsky / Columbia Symphony Orchestra
Courtesy of Sony Classical
By Arrangement with Sony Music Licensing
Courtesy of Boosey and Hawkes, An Imagem Company
"Giselle / No. 21 - Andante"
Written by Writer
Performed by London Symphony Orchestra / Michael Tilson Thomas
Courtesy of Sony Classical
By Arrangement with Sony Music Lisensing
"Le Sacre du Printemps (The Rite of Spring) / Part II : The Sacrifice, Glorification of the Chosen One"
Performed by Igor Stravinsky / Columbia Symphony Orchestra
Courtesy of Sony Classical
By Arrangement with Sony Music Licensing
Courtesy of Boosey and Hawkes, An Imagem Company
À la douce mémoire de Bonnie Rockmell 1928-2015
Nous remercions chaleureusement pour leur soutien
Lehmann Maupin Gallery, Aaron Kapitan
M+B Gallery, Jackie Lee
Coco Chessé, Matthew Libatique
Clover Chessé, Natalie O'Moore
Jill Chessé, Ellen Prager

Dallas Clayton, Alan Prager
Simon Dargan, Jake Prager
Paul Dichter, Vanessa Prager
Darin Friedman, Sarah Ydoux
Dave Grove, Tara Kole
Erin Hoffstetter, Lia Trinka-Browner
Jeff Vespa, Wiseman & Burke
Production Slowdance / Opéra national de Paris - 3e scène
Remerciements de la production
Mairie de Paris
Transpalux
Préfecture de police de Paris
Next Shot
Transpacam
Rubini Assurances
© Opéra national de Paris

⊡ Giselle: The Walking Landscape

Un film de David Luraschi
Production Slowdance
Productrice Juliette Lambert
Directrice de production Sephora Mayer
Coordinatrice de production Valentine Suc
Chef opérateur Élodie Tahtane
Steadycamer Remi Quillicini
Cadreur Arthur Lauters
Cadreur 2 Pierre Marie Paubel
Ingénieur du son Julien Sena
Opérateur drone Julien Crusel
Premier assistant caméra Just Aurel Messonnier
Premier assistant caméra Arthur Schwartz
Deuxième assistant caméra Arthur Raimondeau
Deuxième assistant caméra Thomas Bazin
Assistant vidéo Lucas Henriette
Régisseur Gilles Mayaux
Régisseur Augustien Royer
Régisseur Marion Prieux
Montage David Alexander, Eymeric Nicolas
Étalonneur Gabriel Porier
Infographiste Maël Gaumont
Responsable de post-production Mélanie Teixeira
Mixeur son Loïc Canevet
Post-production Nightshift
Son Benzène Music
Musique Giselle Acte I
Compositeur Adolphe Adam, Orchestre de l'Opéra national de Paris
Directeur musical Philippe Jordan
Direction musicale Koen Kessels
Remerciements
Cicar, Rvz, Sabbah Communications,
Rome Instruments, Feeling Musique, Jean Bart,
Pierre Jaffré Luthier, Franck Terreaux
© Opéra national de Paris

⊡ Matching Numbers

Un film de Xavier Veilhan
Musique *Matching Numbers Theme*, de Zombie Zombie
Avec Marie-Agnès Gillot, Gaspard de Massé, Morgan Vassor
et les chiens du Rallye Trois Forêts
Collaboration artistique Alexis Bertrand
Production Amélie Couillaud
Image Roman Hatala, Jean-Frédéric Etienne, Damien Bailly
Atelier Xavier Veilhan : Violeta Kreimer, Alice Rocher, Stéphane Croughs,
Madeleine Deschamps, Julia Hajnal, Guillaume Rambouillet, Léa Wanono
Régie planeur : Jean-Louis Petit, Martine Petit, Henry Lecaye, Michel Dietlin
Rallye Trois Forêts :
Maître d'équipage Hervé Tétard
1er piqueux Jean-Philippe Cazé, dit Relancé
2e piqueux Rudy Joseph Gaudion, dit La Futaie
et la participation de Célia Fasilleau
Post-production Cadmos
Montage Roman Hatala
Étalonnage Tomasz Sobczak / Groupe Transatlantic
Enregistrement musique Midilive Studio
Mixage son Angy Laperdrix / Solaris Studio
Mastering Chab / Translab
Production Atelier Xavier Veilhan / Opéra national de Paris - 3e scène
Coproduction eXorde (collection Casoar)
© Veilhan, ADAGP/Paris 2015
Remerciements :
Association aéronautique du Val d'Oise / Marc Boura
Association Morgan Vélo Trial (MVT), Patricia et Thierry Vassor
Pascal Régis (Disco-Babel/Julie Tippex)
Martin Palisse, Gilbert Cohen (Versatile Records)
Michel Benoist-Gironière, Florence de Lageneste, Gille Lombard, Julien Lombard,
Fabrice Pinies
© Opéra national de Paris

⊡ Nephtali

Un film de Glen Keane
Réalisé et animé par Glen Keane
Danseuse Marion Barbeau
Réalisateur Live Action Benoît Philippon
Productrice Gennie Rim
Directrice de Production et Post-Production Lucie Bolze
Directeur de la photographie Alexandre d'Audiffret
Directeur artistique Max Keane
Chef monteuse Charlotte Rembauville
Musique originale Arnaud Vernet Le Naun
Étalonneur Edouard Koen
Assistant caméra William Oger
Chef opérateur son Jérémie Vernerey
Intervallistes d'animation Phillip Vigil, Emily Juliano
Coordinatrice de production animation Katie Smith
Chant Lorraine Prigent
Ingénieur son Post-Production James Rim
Production exécutive tournage Paris DAKTIRAK
Post-Production image CIRCUS
Merci à Julien et Jérôme pour leur aide amicale
© Opéra national de Paris

⊡ C'est presque au bout du monde

Un film de Mathieu Amalric
Barbara Hannigan
Simon Rattle
Production Les Fils De
Producteur Benjamin Duval
Montage Sylvie Lager
Montage son Sylvain Malbrant
Mixage Stéphane Thiébaut
Chanson Youkali (Roger Fernay / Kurt Weill)
Extraits de la captation de Lulu d'Alban Berg
(Théâtre de la Monnaie / Myriam Hoyer)
Post-production Firm studio, Artefact, Archipel

Responsable de post-production Sophie San
Étalonnage Nicolas Gautier
© Opéra national de Paris

Étoiles, I see you

Un film de Wendy Morgan

Avec Lil Buck
Musique Channels of Energy (Antonio Sanchez), from the CD The Meridian Suite © Kepach Music S.r.l./Greedy Silence Music (p)2014 Kepach Music S.r.l. under licence by CAM CINE TV MUSIC, Inc. Courtesy of Kepach Music S.r.l
Productrice Amélie Couillaud
Directeur de la photographie Sylvestre Dedise
1er assistant caméra Vincent Flornoy
Photographies additionnelles Merlin Pardo
Chef électricien Kevin Ramalho
Ingénieur du son Silvino Guarda Becerra
Régie Solen Wanono, Etienne Grandon
Post-production Firm Studio / Manuel Béard
Montage Camille Guyot
Étalonnage Nicolas Gautier
Production eXorde (collection Casoar) pour l'Opéra national de Paris
Remerciements Beall Production, Caroline Collange
© Opéra national de Paris

Je vous emmène

Un film de Éric Reinhardt

Avec Marie-Agnès Gillot
Bande son Sébastien Roux
Voix Laurent Poitrenaux
Image Madjid Hakimi
Écrit et réalisé par Eric Reinhardt
Production Move Movie Bruno Lévy et Sylvie Peyre
Montage Antonela Bevenja
Cadre Steeve François
Assistant caméra Adrien Touche
Lumière Olivier Jondot, Eric Gies, Mathieu Morhain
Maquillage Miky Lagadec
Étalonnage Magali Léonard
Direction de post-production Isabelle Morax
Administration de production Françoise Moreau
Production Move Movie Julie Lescat, Benoît Biger
Laboratoire Mikros Sophie Denize, Mathieu Leclercq, Florian Du Pasquier, Pauline Bouyer
© Opéra national de Paris

O comme Opéra

Un film de Loren Denis

Écrit par Loren Denis & Anthony Vibert
Voix Axel Kiener
Chef opérateur Sylvestre Dedise
Montage Maxime Pozzi-Garcia
Étalonnage Anne Szymkowiak
Musique Avia
Sound design Studio 64
Production Les Fils De
Producteur Benjamin Duval
Directeur de production Maxime Brun
Assistant de production Guillaume Pennec
Électricien Kevin Ramalho
Ingénieur du son Nino Guarda Becerra
Régisseur Etienne Grandon
Post-Production Firm Studio
Responsable de Post Production Manuel Béart
© Opéra national de Paris

Patterns of life

Un film de Julien Prévieux

Réalisation Julien Prévieux
Production Galerie Jousse Entreprise
Production déléguée Anna Sanders Films
Coproduction Anna Sanders Films, 3e Scène de l'Opéra national de Paris, Nanterre-Amandiers / Centre dramatique national
Scénario Grégoire Chamayou et Julien Prévieux
Danseurs Camille de Bellefon, Grégory Dominiak, Allister Madin, Ninon Raux, Yann Saïz
Voix Crystal Shepherd Cross
Directeur de production (tournage) Michaël Berreby
Directrice de production (post-production) Tiana Mille
1er assistant réalisateur Michaël Berreby
Chef opérateur Rémi Mestre
Chef électricien Josselin Delas
Chef machiniste Paul Ghafoorian
Ingénieur du son Bruno Ehlinger
1er assistant caméra / cadreur Etienne Muller
2nd assistant caméra Camille Gaborit
3e assistant caméra Lola Rougier-Onnis
Assistant électricien 1 Pietro Rosso
Assistant électricien 2 Stéphane Blum
Régie tournage Marine Bernier, Cindy Gibier, Cédric Marie
Chef décorateur Gaël Leroux
1er assistant décorateur Baptiste Courtois
Assistants décorateur Tina Lin, Fabien Lang, Laurent Pesson, Pierre Choumeurthe
Chef constructeur Mathieu Botrel
Stagiaire déco Maureen Beguin
Stylistes Gwladys Duthil, Chalotte Winter
Maquilleuse Karima Hemayani
Animalier Georges Poirier
Montage image Aël Dallier-Vega
Étalonnage Thibaut Petillon
Directeur technique Jean-Philippe Badoui
Montage son / mixage Bruno Ethlinger
Assistant montage Esther Lowe
Traduction Norbert Naigeon
Relecture Tatiana Grigorenko
La rue Isabelle Aburto, Ibrahima Barry, Béatrice Beuneken, Laurence Bortel, Bernadette Caille, Jean-Henri Calvet, Hélène Chabert, Marisa Commandeur, Déborah Corso, Vania Fernandes Ribeiro, Véronique Elvir Manville, Maria-Hélène Marchante Gil, Antonio Mendes Joao, Ariane Moudir, Mohamed Naote, Bertrand Pennou, Janine et Bernard Perraudin, Rosemine Safy-Borget, Gabrielle Savary, Manon Serees, Régis Theisgen, Nina Troussi
Avec la participation du Centre National des Arts Plastiques (avance remboursable) et du DICRéAM - CNC Centre national du cinéma et de l'image animée
Remerciements chaleureux à Anouschka-Paris.
© Opéra national de Paris

OPÉRA NATIONAL DE PARIS
BASTILLE · GARNIER · 3e SCÈNE

Remerciements

Le Fonds Hélène & Édouard Leclerc pour la Culture exprime sa profonde reconnaissance à Stéphane Lissner, directeur de l'Opéra national de Paris, Dimitri Chamblas, directeur artistique du projet 3e scène à l'Opéra national de Paris et commissaire de l'exposition, Amélie Couillaud, commissaire associée, et Sarah Barbedette, directrice de la dramaturgie, des éditions et de la communication, pour leur engagement dans la réalisation de ce projet, leur enthousiasme et leur générosité.

Nos plus sincères remerciements vont aussi à Matthieu Banvillet, directeur du Quartz, Scène nationale de Brest, avec qui nous avons eu l'imagination de ce projet et grâce auquel nous avons pu inviter l'Opéra national de Paris à venir s'exposer à Landerneau.

Michel-Édouard Leclerc et Marie-Pierre Bathany remercient toutes les personnes qui ont permis l'aboutissement de ce travail, en particulier tous les collaborateurs de l'Opéra national de Paris.

Et pour leur soutien indéfectible :
les administrateurs très actifs du FHEL, Muriel Bigard, Olivier Bordais, Karine Jaud, Christian Patoureau, Michel Penn, Élisabeth Taillandier, Alain Tournier, Gérard Vilaine, et aussi, Patrick Leclerc, Maire de Landerneau, les Services techniques et le Service du Patrimoine et de la Culture de la Ville.

Les administrateurs du Fonds Hélène & Édouard Leclerc pour la Culture assurent de leur profonde et chaleureuse reconnaissance l'ensemble des généreux donateurs et les mécènes Arkéa / banque privée / banque entreprises et institutionnels / Federal Finance / Suravenir et Indosuez private banking pour le soutien déterminant apporté au FHEL et à cette exposition.

OPÉRA NATIONAL DE PARIS

BASTILLE · GARNIER · 3e SCÈNE

LE QUARTZ
SCÈNE NATIONALE BREST

CRÉDITS

Cet ouvrage est publié à l'occasion de l'exposition 3e scène produite par le **Fonds Hélène & Édouard Leclerc pour la Culture**, présidé par **Michel-Édouard Leclerc**, en partenariat avec l'**Opéra national de Paris** et en collaboration avec **Le Quartz, Scène nationale de Brest** présentée aux Capucins à Landerneau du 10 avril au 16 mai 2016.

Commissaire **Dimitri Chamblas**,
directeur artistique de la 3e scène de l'Opéra national de Paris
Commissaire associée **Amélie Couillaud**

Catalogue
Sous la direction de **Michel-Édouard Leclerc**
Coordination éditoriale **Dimitri Chamblas, Amélie Couillaud**
Conception graphique **Ewen Prigent / La boite graphique**
Impression **Cloître Imprimeurs**

Exposition
Scénographie **Éric Morin**
Conception lumière **Yves Godin**

Boucle vidéo
Twelve lights, 12 films lumineux d'**Yves Godin**, conception sonore **Pierre Aviat**, graphiste **David Bonenfant**
Post-production **Firm Studio** / **Manuel Béard** et **Julie Perrono**

Coordination technique audiovisuelle **Roman Hatala** / **Cadmos**

Agencement, mobilier **Atelier Saint Jacques**
Impressions numériques **Le Reprographe**
Lumières **Madec Électricité**
Peinture et moquette **Raub**
Audiovisuel **Lunison**

Production pour le FHEL
Direction **Marie-Pierre Bathany**
Administration **Maïwenn Carpier**
Expositions **Mari Anna Bourgès**
Médiation **Katell Mancec, Clémence Pelleteur**
Éditions **Jane Le Guennec**
Accueil relations publiques **Aurélie Guigot**
Librairie **Claire Cotten**
Technique **Pauline Uguen**

Communication – relations presse **Claudine Colin Communication, Paris**

Opéra national de Paris
Direction de la dramaturgie, des éditions et de la communication

Partenaire de la 3e scène

Van Cleef & Arpels

L'Opéra national de Paris remercie
Le Cercle des fondateurs de la 3e scène.

Exposition réalisée avec le concours de

INDOSUEZ PRIVATE BANKING · ARKEA BANQUE PRIVÉE · ARKEA · SURAVENIR

BURBERRY

FONDS
HÉLÈNE&ÉDOUARD LECLERC
POUR LA CULTURE